DISCOURS

DE M. DE LA MARTINE

DANS LA CAUSE DES RENTIERS

SUIVI D'UN CONSEIL AUX RENTIERS.

MESSIEURS,

J'écarterai les questions préjudicielles; je les laisse à ceux qui hésitent, ou dont la conscience cherche à se pallier ce qui la blesse dans cette proposition. Je combattrai tout système de réduction arbitraire de la rente, et j'ose espérer que quand la chambre m'aura entendu, si je n'ai pas le bonheur de la convaincre, elle conviendra du moins que ce ne sont pas des objections puériles, que ce ne sont pas de vains scrupules de sentimentalité politique, mais qu'il y a de quoi douter, de quoi trembler, de quoi reculer peut-être. Je sais que je lutte faible et presque seul contre une des mesures qui entraîne le plus les esprits; de la presque unanimité de cette assemblée et du pays, je sais qu'une clameur générale s'élève en faveur de la proposition! oui, je le sais; mais je me souviens de 1824. Etrange destinée, en effet, des questions politiques! En 1824, l'opinion publique fut unanime pour repousser la réduction des rentes, comme une violation de la foi nationale, comme une violation de la propriété, comme une atteinte irréparable au crédit. En 1836, l'opinion publique est unanime pour la mesure. A quelle unanimité faut-il croire, Messieurs? ni à l'une ni à l'autre; Messieurs, il ne faut croire qu'à sa conscience! Ce qu'il faut conclure, c'est que les entraînemens ne sont pas des raisons; c'est que les popularités ne sont pas des preuves; c'est que les lois d'enthousiasme ne sont trop souvent que des lois de passion!

Et d'abord, je le confesse, cet entraînement, cet enthousiasme, j'ai commencé par le partager. Soulager les contribuables d'une partie de l'intérêt d'une dette énorme; reporter sur le travail qui moralise la terre, quelques millions de ces capitaux qui servent d'enjeu ici aux chances corruptrices de la bourse, vivifier une foule d'entreprises utiles dans l'agriculture, dans l'industrie, dans les arts, chasser ces vendeurs du temple et forcer ces hommes d'argent qui ne vivent que des oisives combinaisons de l'agiotage, à vivre comme nous de leur sueur et d'un labeur réel, honnête, productif; il y avait là tant et de si incontestables avantages, que s'ils eussent été en effet dans les résultats de la mesure qu'on vous propose, il faudrait tout sacrifier pour les obtenir, hormis la justice! Je l'ai cru un moment; mais depuis que, sollicité à un examen plus approfondi par l'annonce de cette proposition, j'ai interrogé plus sévèrement mes convictions, j'ai trouvé, et j'ai trouvé contre tous mes désirs, que j'étais, comme le pays tout entier, sous l'empire d'une déception complète, et qu'il n'y avait dans tous les projets qu'on nous présentait qu'une mesure d'iniquité, qu'une mesure d'illusion; enfin qu'une mesure souverainement impolitique. (Mouvement en sens divers.)

Commençons par renverser la base sur laquelle se fondent tous les partisans de la proposition quand ils viennent nous dire que l'État est sous l'empire du droit commun, et que l'art. 20 du Code civil permettant à tout débiteur de se libérer, il peut, lui État, sans blesser ni la bonne foi ni l'équité, profiter du bénéfice de cet article de la loi. Eh bien! non, Messieurs, il n'est pas vrai que l'État soit dans le droit commun à l'égard des rentiers; et pourquoi? c'est

que c'est l'Etat qui fait le droit, et que celui qui fait le droit
est au-dessus du droit, et par conséquent en dehors du
droit. Qu'est-ce que l'Etat? C'est la collection de tous les
droits et de tous les intérêts dont la nation se compose. Y
a t-il parité, je vous le demande, entre l'Etat qui représente
tous, et le particulier qui ne représente que lui-même? Non:
l'Etat n'est pas sous l'empire du Code civil. Ses rapports,
à lui, sont réglés par un autre droit, par le droit politique. Ce ne sont pas les tribunaux, ce ne sont pas les lois
ordinaires qui font justice à l'Etat; c'est vous, corps politique, et la justice que vous lui faites est la justice sociale
et non la justice légale. Et quelle autre preuve vous faut-il
que l'Etat n'est pas dans le droit commun vis-à-vis des rentiers, que l'appel qu'il fait aujourd'hui même à votre délibé-
ration, et l'impuissance où sont les rentiers d'appeler de
votre décission? Un procès sans juges, sans tribunaux, sans
appel; que dis-je, Messieurs, un procès où la partie est
juge, est-ce là du droit commun? Voilà cependant votre
situation! Vous voilà rassemblés pour juger, et le rentier
est absent, ou plutôt il est là, si vous le voulez, à votre
barre! il est là, seul, et vous êtes quatre cent cinquante!
il est là sans voix, et vous pouvez tous prendre la parole
contre lui! il est là, sans garantie, sans avocat, devant vous!
vous propriétaires fonciers, lui rentier! vous ses juges, ses
arbitres, et ses rivaux peut-être! Et quand vous aurez porté
son arrêt, il n'aura qu'à baisser la tête, et à porter à sa femme
et à ses enfans la confirmation de sa ruine partielle, la nou-
velle de l'aisance ou du pain que vous lui aurez retranché!
Encore une fois, est-ce là du droit commun? Mais il n'y a
pour le rentier, devant vous, d'autre tribunal que celui de
vos consciences, que celui de cette justice sociale qui est la
dernière raison des sociétés, y a-t-il du moins équité, y a-
t-il bonne foi dans l'option que vous leur proposez, entre un
remboursement au pair ou une réduction du cinquième? Exa-
minons; et pour cela remontons à l'origine de la dette.

Il y a dans un contrat, Messieurs, non-seulement ce qui y
est écrit, mais ce qui y est compris, ce qui y est entendu et
sous-entendu. Les conventions tacites n'ont pas moins de

force que les stipulations écrites; au contraire, elles sont plus
sacrées, parce qu'elles n'ont que la bonne foi pour garant.
Eh bien! Messieurs, le remboursement ou la réduction ont-
ils été implicitement sous-entendus par l'Etat et par les porteurs de rentes lors de la création des rentes 5 pour cent?
Pour décider cette grave question, passez en revue les diffé-
rentes catégories de créanciers de l'Etat. Voici d'abord les
malheureux détenteurs du tiers consolidé victimes de la banqueroute nationale, et recevant en indemnité de leur ruine
cette parcelle de leur fortune consolidée, de fait et de nom
entre leurs mains par la justice, et je dirai par le remords de
la nation; oserez-vous dire que quand ils recevaient cette
réparation partielle et tardive, il était entendu par eux qu'a-
près leur avoir fait banqueroute des deux tiers, l'Etat, à un
jour donné, se réservait le droit de leur faire banqueroute
d'un cinquième encore sur le tiers déjà si cruellement décimé?
Votre conscience se soulève! Passons! Voici les communes,
les établissemens religieux et de charité ayant reçu de l'Etat,
non pas à titre gratuit, non pas comme munificence, mais en
échange de biens, de valeurs, de domaines réels dont l'Etat
s'emparait; ayant reçu, dis-je, une rente égale au revenu de
ces biens : entendaient-ils que cette rente ne serait pas per-
pétuelle, mais déclinerait et périrait entre leurs mains, pendant que l'Etat s'enrichirait de leur ruine? Voici la Légion-
d'Honneur, cette indemnité du sang, ce prix des dotations;
était-il entendu que ce patrimoine de la gloire et de la re-
connaissance du pays serait remboursé aux légionnaires, aux
invalides, et que la compensation des membres perdus au
service du pays serait évaluée un jour au rabais? Enfin, voilà
les majorats dont le chiffre même fait la légalité, et qui cessent d'être si vous réduisez; voilà les dots constituées; voilà
les innombrables stipulations privées faites en rentes à 5 pour
cent, et où l'Etat lui-même a traité avec des tiers et garanti
la perpétuité comme le chiffre de la rente; était-il entendu
que toutes ces stipulations, dont la perpétuité de la rente
était la condition, n'avaient ni vérité, ni irrévocabilité, et que
tout cela s'écroulerait un jour au risque des procès sans nombre qui vont naître de cette violation de toutes les promesses?

Mais on fera des exceptions, dites-vous? mais si vous faites toutes les exceptions que la justice commande, où sera le bénéfice de la loi? et si vous ne les faites pas, où sera la justice?

Vous vous récriez contre les bénéfices énormes, contre les fortunes scandaleuses faites par quelques-uns des rentiers dans nos jours de désastres? Et qui les nie? Vos rentes décréditées par la banqueroute n'étaient-elles pas un fonds ouvert aux spéculateurs de tout genre? N'êtes-vous pas heureux même que dans vos détresses ces chances d'un lucre disproportionné soient venues tenter l'avidité de quelques capitalistes? Ils ont gagné ; mais vous aussi : ce sont leur capitaux aventurés qui ont soutenu et relevé la rente à 108 fr. Mais si vous voulez contester aux uns leurs bénéfices, d'autres n'ont-ils pas perdu? Et voulez-vous compenser leurs pertes? et sont-ils les seuls qui aient fait des bénéfices disproportionnés? Est-ce que les acquéreurs de terres; est-ce que les possesseurs de domaines nationaux ne se sont pas saturés aussi des détresses de l'Etat, de la ruine et des larmes des premiers propriétaires? Eh bien, direz-vous qu'il faut décimer aussi cette richesse? rechercher l'origine des fortunes? porter de l'inquiétude dans le mystère sacré de la propriété, et troubler l'Etat jusqu'en ses fondemens, pour faire à chacun une justice qui ne serait que la guerre civile des fortunes, que la chambre ardente de la propriété?

Mais quand vous le voudriez, le pourriez-vous? Décomposez, si vous l'osez, en recherchant la nature et l'origine, un des écus de votre cinq pour cent. Qui trouvez-vous? vous y trouvez le débri d'une banqueroute, c'est-à-dire une première perte de 75 pour cent. Vous y trouvez les faibles restes de tous les droits violés et toutes les ruines accomplies de l'ancienne monarchie, les larmes et la détresse des trois cent mille créanciers de l'Etat; vous y trouvez le prix de la libération du territoire après deux invasions; vous y trouvez enfin des compensations, des indemnités pour les biens spoliés de vos établissemens publics. Voilà le noyau, le fonds, la masse de vos rentes. Au milieu de tout cela quelques bénéfices énormes, mais légitimes, que vous voulez atteindre!

Mais comment les atteindre ? Tout est mêlé, tout est confondu, tout est solidaire, tout est indivisible ; vous ne pouvez plus séparer dans le franc de votre rente ce qui est au prêteur de 1817, et ce qui est aux victimes de 93, vous ne pouvez frapper que dans les ténèbres, frapper sur le juste et sur l'injuste, et faire de ce nouveau jugement de Salomon une moyenne de justice et d'iniquité où le pauvre paiera pour le riche et la probité pour l'usure ! Et d'ailleurs, les rentiers d'aujourd'hui, ces cent mille petits porteurs de rentes dont la moyenne n'est que 500 fr. de rentes, ne sont plus ces heureux banquiers de 1817, qui se sont engraissés du sang du pays. Ceux-là se sont hâtés de revendre, de mettre à couvert leurs bénéfices. Tous les petits rentiers d'aujourd'hui sont des acquéreurs récens et de bonne foi ! et c'est à ces misérables que vous allez faire payer la fortune des heureux agioteurs ? Savez-vous que cela réjouit, Messieurs, des agioteurs nouveaux qui veulent avoir aussi leur curée et que les scandaleux bénéfices de leurs devanciers empêchent de dormir !

La véritable condition des contrats de 1816 et de 1817 a été une condition aléatoire, un jeu où la fortune de la France était l'enjeu ; d'un côté chance indéfinie de perte pour les prêteurs si la France périt, si la guerre civile éclate, si une troisième invasion l'écrase ; de l'autre, chance indéfinie de bénéfice sur le capital par l'élévation de l'intérêt si la France prospère ; et remarquez bien que cette chance favorable au prêteur ne nuit en rien à la France, car elle ne doit pas de capital, et la rente qu'elle sert est toujours la même. Voilà comment l'emprunt fut entendu ; vous vous gardiez bien alors de parler de réduction d'intérêt ou de remboursement forcé de la rente, vous n'aviez pas assez de garanties au crédit sous toutes ses formes ; et aujourd'hui que les fonds que vous appelez ainsi sont venus, qu'ils ont racheté le territoire, soldé la rançon à l'Europe, restauré le crédit, vivifié les industries et les terres ; aujourd'hui que vous sentez le sol affermi sous vos pas, que le présent est serein, l'avenir sans péril, vous vous tournez avec une ironique ingratitude vers ces prêteurs pour lesquels vous inventiez alors toutes les séductions de l'agiotage et vous leur dites : Allez, nous n'avons plus besoin de vous; prenez, voici un capital qui n'est point librement débattu entre nous, que nous arbitrons seuls que nous fixons au-dessous du taux où il est réellement, un capital que nous ne devons pas, que vous ne voulez pas, qui ne représente pas aujourd'hui en terres la moitié de celui qu'il représentait quand vous nous l'avez prêté; un capital dont vous ne savez que faire, que vous avez perdu les occasions de placer; qu'importe? tant pis pour vous, tant mieux pour nous; cela apprendra aux capitalistes à voir comment les nations qu'on a sauvées dans leur détresse reconnaissent ces services dans leur prospérité: et nos légistes appelleront cela du droit commun.

Si c'est du droit commun; est-ce de la bonne foi? est-ce de l'honneur? est-ce de l'équité? est-ce du moins une belle et productive iniquité? A entendre cet enthousiasme qui saisit tout à coup les contribuables, on le croirait. Eh bien! qu'ils sachent qu'on les trompe et que cette immolation, ces dépouilles opimes des rentiers qu'on leur promet ne leur rendront qu'un dégrèvement nul ou fictif, et qu'ils seront dupes eux-mêmes de l'injustice dont on veut les rendre complices. Il y a mille manières de le leur démontrer par le calcul. Les chiffres se groupent comme on veut sous la main des calculateurs; mais il n'y a qu'un chiffre incontestable, qu'un résultat clair, c'est celui qui se pose sur le rôle du percepteur. Tous ces calculs se résument en une vérité palpable sur l'avertissement du contribuable. Je ne crois qu'à celui-là. Eh bien! le voici.

Vous avez 146 millions de 5 pour cent; 49 millions seront inévitablement exceptés, ou s'ils ne l'étaient pas, la conscience publique se soulèverait. Reste environ 100 millions sur lesquels vous avez à opérer. Vous en réduisez la cinquième, ce serait 20 millions. Mais dans tous les projets, pour tempérer l'iniquité, on établit des annuités égales pendant huit ou six ans au cinquième réduit; la réduction est donc nulle d'abord pendant huit années pour le contribuable. Ce n'est donc qu'un dégrèvement imaginaire qu'on leur fait entrevoir dans l'avenir? Mais avant que cet avenir arrive pour eux, combien de chances et de charges nouvelles seront

venues annuler ces promesses de soulagement? Je suppose
qu'il n'en survienne aucune, que résultera-t-il pour eux,
dans huit ans, de ce prétendu dégrèvement de la propriété
foncière. Calculez : huit ans d'annuités équivalentes au cinquième réduit sur 100 millions de rentes, font 160 millions.
L'intérêt de 160 millions est de 8 millions ; mais comme il y
a, en termes de finances, une chose qu'on appelle l'intrinsèque, et qui se compose de la moyenne d'intérêt d'une
somme payée par échéances successives, cet intrinsèque réduit à 6 millions et demi l'intérêt réel de ces 160 millions.
Retranchez-les des 20 millions qui dans huit ans seront dé-
grévés de l'impôt soumis, reste 13 millions et demi de soulagement; retranchez de là encore les frais de l'opération
qui seront immenses; retranchez encore le service croissant
des caisses d'épargne, à qui vous devez déja 60 millions et
dont l'heureux et prodigieux accroissement vous demandera
inévitablement alors 4 ou 5 millions au lieu de 2 et demi.
Le dégrèvement se réduira à 8 ou 10 millions, à supposer que
pas une pierre ne s'ébranle d'ici là dans l'édifice de votre fortune et dans les affaires de l'Europe ! 8 ou 10 millions pour
quatre-vingt-sept départemens. Cela fait une moyenne de
100,000 fr. par département, une fraction imperceptible d'un
trentième sur la cote du contribuable, c'est-à-dire une illusion pour le présent et une charge de quelques centimes
imperceptibles sur un avenir qui ne viendra jamais.

Contribuables qu'on abuse, allez demander la vérité à l'a-
vertissement du percepteur ! cherchez à découvrir pour vous
le bénéfice de la réduction, dont on veut vous rendre aujourd'hui complices ! Vous ne le discernerez pas ; et c'est
pour un tel résultat qu'on vous propose cette commotion des
fortunes, ce transport d'une dette de deux milliards d'une
main dans l'autre, cette spoliation des rentiers actuels au
profit des capitalistes nouveaux ! Ah! Messieurs, un pareil
conseil ne peut vous être donné par les citoyens paisibles
qui n'ont qu'à perdre à ces crises de la fortune publique !
Savez-vous qui la souffle? savez-vous qui vous trompe? savez-
vous par qui ces conseils perfides vous sont inspirés ? Ce ne
peut être que par ces agioteurs que la fixité de la rente im-

portune, qui regardent avec convoitise la rente échappée à leurs mains et passée aux mains des petits capitalistes et du peuple, et qui voudraient remuer de nouveau le trésor jusqu'à son dernier écu, pour s'engraisser comme leurs devanciers de 1816, non plus de la détresse, mais de la folie du pays! (Sensation.)

Mais les résultats moraux et politiques? Le crédit raffermi, l'intérêt de l'argent abaissé, les industries vivifiées, enfin le prix des terres élevé. Messieurs, un mot seulement avant de finir sur chacune de ces promesses, et vous les verrez s'évanouir toutes au souffle de la vérité.

Je ne parle pas ici de la popularité de la mesure, qui flatte les passions des possesseurs de terre et populariserait un gouvernement nouveau! C'est à ce gouvernement de savoir dans quelle espèce de popularité il veut s'enraciner. Quand on s'implante dans une popularité vraie et durable, on y puise la vie et la durée; quand on s'implante dans une popularité mensongère, on passe et l'on périt avec elle! Non, vous n'abaisserez pas l'intérêt de l'argent; car le 3 pour cent n'agit plus sur cet intérêt. Votre grand-livre est fermé; vous ne créez plus, et vous allez déclarer, si vous êtes sages, que vous ne créerez plus de rentes irremboursables. Dans l'état présent il ne sort pas un écu de la terre, de l'industrie, des transactions entre particuliers pour aller au 5 pour cent, qu'il n'en sorte un du 5 pour cent pour retourner à la terre ou à l'industrie; l'un déplace l'autre, l'un remplace l'autre, l'équilibre est parfait; le masse des fonds de la terre ou de la rente ne diminue ni n'augmente. Il est donc mathématiquement impossible que la rente 5 pour cent ait la moindre action sur l'intérêt de l'argent. Non, vous n'affermirez pas le crédit, car vous l'arrêterez dans son essor; vous lui ferez violence; vous lui faites injustice, et vous verrez trop tôt s'il oubliera de se venger, et s'il ne vous fera pas payer avec usure l'économie que vous voulez faire sur lui, l'économie sur la bonne foi publique, le capital des nations qui ont à emprunter un jour! (Très bien! très bien!)

Mais savez-vous ce que vous ferez? Vous porterez la perturbation, l'inquiétude, la désaffection peut-être, dans une classe

nombreuse et remuante du pays! Vous agiterez l'élément ré-
volutionnaire endormi dans la ville des révolutions; car, ne
vous le dissimulez pas, c'est pour le peuple surtout que les
affections sont des intérêts, et que là où est son trésor, là où
est son pain, là est son cœur! en retranchant à ce pain,
vous retranchez à son amour.

Vous réduirez de 60 millions la consommation et la circulation de Paris; car les 20 millions enlevés aux rentiers, se
multiplient deux et trois fois par an dans la circulation du
petit commerce. Impôts indirects, octrois, valeur et loyer
des maisons, tout baissera; vous vous apercevrez, avant
un an, que vous avez tari une des grandes sources de votre
trésor! Vous irez redemander aux contribuables de com-
bler le vide qu'ils vous auront aidé à creuser! vous leur
direz: Qu'importe Paris? Vous suscitez en eux cette rivalité
du village contre le chef-lieu, du chef-lieu contre la capi-
tale. Comme si Paris n'était pas à tous! comme si les capitales n'étaient pas les résumés des nations; et ils apprendront
trop vite, à leurs dépens, que cette jalouse vengeance contre
la prospérité des grandes capitales n'est qu'un suicide in-
sensé, et qu'on ne peut frapper la tête et le cœur, sans que
les membres languissent, et ne soient eux-mêmes menacées
de mort! (Sensation.)

Messieurs, j'ai touché là la plaie secrète, la plaie vive de
cette discussion. Eh bien! j'irai à fond, je ne dissimulerai rien,
je lèverai le voile tout entier. Oui, il y a dans cette popularité
qui nous pousse, dans cette hâte d'immoler les rentiers, une
pensée inconnue à elle-même, une arrière-passion de nivelle-
ment de Paris au niveau des provinces, de la fortune mobi-
lière au niveau de la propriété territoriale! une satisfaction
jalouse de l'abaissement des richesses, quelquefois scandaleuse
de la Bourse; on est fatigué de voir ces hommes dépenser
sans peine et sans labeur les larges produits de la rente,
comme si leur dépense n'était pas notre richesse, comme si
frapper sur les capitalistes, ce n'était pas frapper sur les
travailleurs. Ah! Messieurs, prenez garde! tremblez de vous
rendre complices d'une pensée si loin de vos cœurs! tremblez
de porter ainsi une première atteinte à la propriété sous sa

forme la plus fugitive, la plus vénérable. Qui vous répond qu'il ne se lèverait pas un jour, où, par une loi de talion comme celle-ci, des hommes justifiés d'avance par votre exemple, et instrumens d'une autre passion jalouse qui fermente au cœur du peuple, viendraient ici à votre place, et se diraient: Ils ont trouvé la fortune immobilière trop riche, ils ont décimé la rente. Eh bien! nous trouvons, nous, la fortune territoriale trop exorbitante et trop privilégiée, et nous décimons la terre.

Quant à moi, je veux le contraire; plus cette mesure est aveuglément populaire, plus nous devons l'approfondir et lui résister. Que les électeurs fassent ce qu'ils voudront; nous sommes ici pour servir nos consciences et non leurs passions. S'ils me commandaient jamais un pareil vote, je leur dirais: Cherchez ailleurs des hommes qui consentent à faire de la popularité aux dépens de la justice et du crédit par une banqueroute masquée. (Murmures.)

CONSEIL AUX RENTIERS.

« Je traiterai de vous, chez vous, sans vous. »

Ainsi se laissaient dire les Hollandais jadis, les rentiers maintenant.

Encore pour ceux-là, battus à plate couture, il n'y avait qu'à mourir; tandis que pour ceux-ci, à peine effleurés de l'atteinte, il y aurait plutôt à vivre.

En vain, il leur est soufflé de haut, *aide-toi, le ciel t'aidera.*

Atonie, apathie, l'une dans les têtes, l'autre dans les ames, ces négations du mouvement et du sentiment, ces abstractions de la nature humaine : tel est le *caput mortuum*, le morne résidu gisant après de tels coups de feu, au fond du creuset des révolutions.

L'élan manque à la tête et le ressort à l'ame.

Tant on s'est remué sans avancer d'un pas ; tant on s'est retourné sans y gagner de l'aise : à ne plus bouger, du moins il y a épargne de fatigue.

Vive Dieu ! où donc vont les Français en se laissant à l'abandon, en se livrant au hasard : dispos et prestes, ainsi que les ballots mal amarrés sur le pont du navire, à être rejetés de tribord à babord, au caprice du roulis.

Où !... à la honte, à l'opprobre d'abord.

Voyez, dit l'étranger, poussé de la terreur à la pitié, cette grande nation, qui après avoir conquis à grands frais la liberté se hâte d'en abdiquer l'usage, qui après avoir abattu les puissances séculaires, s'asservit au premier venu.

Où !... à la perte, à la ruine par suite.

Car en un tel état de choses, le premier venu ne manque pas à apparaître, ne tarde pas à disparaître ; la dure chaîne passant ainsi de main en main, et au passage s'aggravant sans cesse de poids.

Eh mais ! faut-il que du jour même ou l'être abstrait de la souveraineté du peuple, s'est vu inauguré en grande pompe, les êtres réels, parties intégrantes, élémens constituans du peuple, cessent d'exister d'opinion et d'intelligence, de volonté et de puissance ?

Faut-il que cette souveraineté subreptice n'ait été inventée qu'à l'effet d'ériger le despotisme d'un bord, d'infliger la servitude de l'autre ?

Du temps de l'absolutisme supposé, l'opinion s'inoculait peu à peu, se propageait de rang en rang, prévalait jusqu'au faîte ; et aux temps du libéralisme prétendu, l'opinion se retire de plus en plus, se confine au secret, s'affaisse à demeure.

Le fait parle trop.

Ne voilà-t-il pas à Paris seulement, trente on quarante mille familles, qu'on menace de décimer au double, quant au revenu vital, et qu'on attaque comme oisives, qu'on méprise comme stériles, qu'on bafoue comme ignares.

Et ce monde de rentiers se tient coi, se jette à l'écart, se tait devant le bruit, se courbe devant le complot.

Vainement le prince est pour eux, la pairie est pour eux, la moitié de l'autre chambre est pour eux.

Vainement, contre eux, il n'y a que la Bourse ambitieuse de lucre, et la province envieuse d'épargne ; à la vérité, armées par hasard ou par artifice, de deux voix de majorité sur cent quatre-vingt-treize, d'un centième de majorité.

L'inertie répond que le pouvoir n'ira pas s'aliéner les cœurs au dedans et s'enchaîner les bras au dehors, n'ira pas échanger le calme plat contre l'ouragan furieux et déranger, par une poussée trop vive, le progrès certain de la richesse publique.

Mais l'épée reste suspendue sur les têtes ; mais la crainte ne s'éteint pas au cœur, le doute ne cesse de troubler les esprits.

Il faut sortir de cet état critique ; il faut mettre fin au péril.

On ne se rend pas aux raisons d'équité, de loyauté, d'humanité ; on se rendra à la raison extrême, à la raison de la force.

Les créanciers de l'État ont à s'assembler, à se former en corps, à se donner un syndicat.

Il y a un acte : il y a deux parties contractantes, réciproquement liées par les stipulations.

Une des parties, désignée sous le titre de l'État, s'installe juge.

L'autre des parties, connue sous le nom de rentiers, récuse ses arrêts.

Celle-là fait abus de la puissance légale : celle-ci fait usage de la puissance morale.

L'attaque est vive. La résistance est ferme.

L'assemblée des créanciers institue des fondés de pouvoir à l'effet de soutenir ses droits, et s'engage à ne transiger que d'après un accord commun,

Ce seul acte arrête tout, en finit à jamais : on poursuit qui se cache, on recule devant qui se montre.

Tel est le rôle assigné aux notaires, hommes d'affaires, receveurs de rentes.

Que chacun réunisse un certain nombre de rentiers, leur soumette le projet, en obtienne la signature, et invite les absens à venir s'y joindre.

Les termes sont simples, ne pas accepter les offres, ne pas traiter à part.

Et cependant des mémoires établiront le droit, exposeront le danger.

Comme aussi, il y aura à examiner, à méditer les moyens propres à garantir la libération successive de l'État, à garantir l'État contre l'accumulation progressive de la dette : parmi lesquels l'attention se portera peut-être avec quelqu'intérêt sur le plan, proposé depuis quatre ans dans des écrits restés sans réponse.

Comme aussi, il y aura à répandre par milliers, les paroles émises à la tribune ou transmises par la presse : parmi lesquelles apparaît au degré le plus éminent, en ce que les motifs de toute sorte y sont exposés en la façon la plus vive, la plus sensible, le discours de M. de la Marthie.

De La Gervaisais.
Rue Jacob, 9.

DE LA DETTE ACTUELLE
ET DES EMPRUNTS FUTURS.

—

DISCOURS INOFFICIEL
DU MINISTRE DES FINANCES ALORS EN CHARGE.

—

DISCOURS INOFFICIEUX
DU MINISTRE DES FINANCES HORS DE CHARGE.

—

A LA CHAMBRE.
DU PROJET DE RÉDUCTION DES RENTES.

—

AU PRINCE.
DU PROJET DE RÉDUCTION DES RENTES.

—

PRIX DES CINQ ÉCRITS : 2 FR.

A. Pihan de la Forest, Imprimeur, rue des Noyers, 37.

www.ingramcontent.com/pod-product-compliance
Lightning Source LLC
Chambersburg PA
CBHW060723280326
41933CB00013B/2545